Gisbert Kranz

Thomas von Kempen
Der stille Reformer vom Niederrhein

Gisbert Kranz

Thomas von Kempen

Der stille Reformer
vom Niederrhein

Brendow
Buch
Kunst
Verlag

Gisbert Kranz ist Literaturwissenschaftler und Kulturhistoriker. Er veröffentlichte mehr als fünfzig Bücher, unter anderen: Europas christliche Literatur von 500 bis 1500, München: Schöningh ^{2}1988; Europas christliche Literatur von 1500 bis heute, München: Schöningh ^{2}1968; Studien zu C. S. Lewis, Lüdenscheid: Claren ^{2}1983; Begegnungen mit Dichtern, Wuppertal/Zürich: R. Brockhaus 1990; Kafkas Lachen und andere Schriften zur Literatur. Köln: Böhlau 1991; G. K. Chesterton: Heitere Weisheit, ernste Späße, Moers: Brendow 1988; Die Arthur-Gedichte von Charles Williams, Frankfurt/Bern: Lang 1991; Das Bildgedicht, 3 Bde., Köln/Wien: Böhlau 1981–1987; Meisterwerke in Bildgedichten. Rezeption von Kunst in der Poesie, Frankfurt a. M. – Bern: Lang 1986; Warum wurden sie Despoten? Herodes, Nero, Richard III., Iwan der Schreckliche, Robespierre, Stalin, Ceauşescu, Hitler. Gernsbach: Katz 1992; Gertrud von le Fort. Leben und Werk. Frankfurt: Insel ^{3}1993.

Die Deutsche Bibliothek – CIP-Einheitsaufnahme

Kranz, Gisbert:
Thomas von Kempen: der stille Reformer vom Niederrhein /
Gisbert Kranz. – Moers : Brendow, 1993
(Edition C : C ; 390)
ISBN 3-87067-524-1
NE: Edition C / C

ISBN 3-87067-524-1
Edition C, Reihe C 390

Abbildungen mit freundlicher Genehmigung
des Thomas-Archivs, Kempen
Einbandgestaltung: init – Büro für Gestaltung, Bielefeld
Printed in Germany

Inhalt

Thomas von Kempen,
nach dem ältesten bekannten Ölgemälde im Besitze der Kempener Pastorat.

Kempens Ruhm: Ein kleines Hämmerchen

Das schöne Kempen am Niederrhein, dessen Existenz schon vor elfhundert Jahren belegt ist und das 1294 zur Stadt erhoben wurde, wäre außerhalb des Rheinlands kaum bekannt geworden, wenn nicht in seiner Mitte, Ende 1379 oder Anfang 1380, ein Mann geboren worden wäre, der unter dem Namen Thomas von Kempen (latinisiert *à Kempis*) in der ganzen Welt berühmt wurde. Die Kempener wissen das zu schätzen: Es gibt in Kempen eine Thomas-Straße, einen Thomas-Verein, eine Thomas-Stiftung, ein Thomas-Denkmal, eine evangelische Thomas-Kirche, ein Gymnasium Thomaeum, darin eine Thomas-Skulptur von Mataré, und ein Thomas-Archiv, und schon mancher fremde Besucher der Stadt mag vor der Gedenktafel gestanden haben, die an der Stelle des Thomas-Geburtshauses angebracht ist, und gefragt haben: Was war los mit Thomas von Kempen?

Eigentlich hieß er Hemerken, das ist Plattdeutsch für „kleines Hämmerchen".[1] Der Vater Hemerken besaß in Kempen ein Haus, wo Thomas aufwuchs. Der ältere Bruder Johannes Hemerken war in das Kloster Windesheim bei Zwolle eingetreten, was den dreizehnjährigen Thomas auf den Gedanken brachte, ihn dort zu besuchen und mit ihm zu überlegen, ob er nicht auch Mönch werden solle. Da die Leute im niederländischen Zwolle dieselbe Umgangssprache hatten wie die Kempener, gab es für den jungen Thomas auf dieser Reise keine Verständigungsschwierigkeiten.

Johannes Hemerken schickte seinen Bruder Thomas nach Deventer, mit einer Empfehlung an Florens Radewijns, den ersten Rektor des Hauses der „Brüder vom gemeinsamen Leben" in dieser Hansestadt an der Ijssel. Dort also studierte der junge Thomas unter Radewijns geistlicher Leitung. Die Eindrücke, die Thomas von dieser Persönlichkeit empfing, waren so tief, daß Thomas später Radewijns Biographie schrieb.

Radewijns, 1350 geboren, erwarb in Prag den Magistergrad, wurde Priester und schloß Freundschaft mit Geert Grote, mit dem zusammen er das Haus der Brüder vom gemeinsamen Leben gründete, die man auch Fraterherren nannte. Radewijns organisierte jene Erneuerungsbewegung, die schon von Zeitgenossen als *Devotio moderna* bezeichnet wurde und die von Grote ausging. Thomas von Kempen hat den bereits 1383 verstorbenen Grote nicht mehr persönlich kennenlernen können, aber von Radewijns und dessen Gesinnungsfreunden so viel Anziehendes über die Persönlichkeit und die Lehre dieses außerordentlichen Mannes gehört, daß er auch dessen Biographie schrieb.

Um Thomas von Kempen recht zu verstehen, müssen wir uns näher mit Geert Grote und der *Devotio moderna* befassen, hat man ja schon gesagt, diese Reformbewegung gipfele im Werk des Thomas von Kempen.

Der Reformer Geert Grote

Wer dazu bestimmt ist, seine Umwelt zu ändern, muß zuvor sich selber ändern. Der künftige Reformer muß sich zuerst selbst reformieren. So war es auch bei Geert Grote.[2] Seine Bekehrung geschah nicht blitzartig von heut auf morgen, sondern stufenweise. Sie begann 1372. Grote war damals 32 Jahre alt.

Bis dahin hatte der wohlhabende Patriziersohn ein angenehmes Leben geführt. An der Universität Paris hatte er eine vielseitige Bildung erworben. Der Magister kannte sich aus in Philosophie, Theologie, Jura, Medizin, Astronomie, Naturwissenschaften und okkulten Lehren. Er besaß nicht nur eine, sondern zwei einträgliche Kirchenpfründen, deren Einkünfte er kassierte, ohne seine Pflichten zu erfüllen. Keineswegs hatte er die Absicht, sich zum Priester weihen zu lassen. Unbekümmert lebte er in weltlichen Genüssen.

Plötzlich erkrankte Grote. Sein Pfarrer weigerte sich, ihm die Krankensalbung zu spenden, falls er nicht zuvor seine Bücher über Magie öffentlich verbrennen ließe. Nach anfänglichem Widerstreben tat er das schließlich. Der nächste Schritt geschah 1373. Ein alter Studienfreund tadelte ihn wegen seiner kostbaren weltlichen Kleidung. Heinrich von Kalkar, der Prior des Kartäuserklosters zu Monnikhuizen bei Arnheim, brachte Grote in Gesprächen zu dem Entschluß, eine Generalbeichte abzulegen, künftig auf Kleiderluxus zu verzichten, sich mit einfachem Essen zu begnügen und nach Aachen zu ziehen, damit er dort seinen Pflichten als Kanoniker nachkommen konnte. 1374 verzichtete Grote auf die Aachener und auch auf die Utrechter Domherrnpfründe und zog sich für drei Jahre in das Kloster Monnikhuizen zurück. Wie Thomas von Kempen in seinem *Leben Geert Grotes* schreibt, „freute sich der Prior mächtig darüber, daß er diesen großen Walfisch mit dem Angelhaken Christi gefangen hatte".[3] Grote aber, obwohl er wie die anderen Ordensmänner der Kartause streng asketisch lebte, wurde nicht Mönch, sondern blieb lediglich Gast des Klosters. Er besuchte 1377 den Mystiker Jan van Ruysbroeck und empfing von ihm weitere Anregungen für ein religiöses Leben. Ruysbroecks Hauptwerk *Die Zierde der geistlichen Hochzeit* übersetzte Grote aus dem Niederländischen ins Lateinische.

Sein Haus in Deventer trat Grote 1379 als Asyl an eine Anzahl Jungfrauen ab, damit sie dort ein gottgefälliges Leben führen konnten. Ohne Gelübde, in bürgerlicher Kleidung, ohne Pomp, in Gehorsam gegen ihre von ihnen selbst gewählte „Meisterin" sollten sie von der Arbeit ihrer Hände leben und Gott und dem Nächsten in Liebe dienen. Die Frucht der Abkehr von Sünden, der Reinheit des Herzens und der Gleichförmigkeit mit dem Willen Gottes sei – so belehrte Grote sie – herzinniges Frohsein. Der Schlüssel zu jeglichem Leben, ob der Ehegatten oder der Ordensleute, sei die Liebe.

Neben den „Schwestern vom gemeinsamen Leben" wurde 1380 in Deventer nach gleichen Grundsätzen das Haus der „Brüder vom gemeinsamen Leben" gegründet, dem Grotes bester Schüler Radewijns vorstand. Weitere Häuser dieser Art entstanden bald an anderen Orten, so daß Grotes Vaterstadt zum Ausgangspunkt einer weitreichenden Bewegung wurde.

Den Meister und Gründer selbst hielt es nicht in Deventer. Grote fühlte sich zum Apostel bestimmt, der an vielen Orten das Wort zu verkündigen hatte. Obwohl er sich als Laie von Berufung verstand, ließ er sich, um predigen zu dürfen, zum Diakon weihen. Den Laien rief der Wanderprediger zu, sie könnten und sollten, auch ohne Gelübde und außerhalb von Klostermauern, ein religiöses Leben führen. Den Geistlichen redete er ins Gewissen, daß sie ihre Standespflichten erfüllten. Den Klerikern, die Besitz und Stellung über alles schätzten, erklärte er, diese Haltung sei das Gegenteil dessen, was das Evangelium fordere.

Grote suchte die Gefahren abzuwenden, die der Kirche damals drohten. Er wetterte gegen mystischen Überschwang, der leicht zu Schwarmgeisterei, Sektierertum, Aberglaube und Wundersucht führe; gegen die Veräußerlichung eines bloß juristischen Kirchenregiments; gegen die eitlen Theologen, die sich in spitzfindigen Disputationen gefielen, bei denen es nicht um Wahrheit, sondern um persönliches Prestige ging. Grote kannte das alles aus eigener Erfahrung, hatte er doch selbst sich der Pfründenhäufung schuldig gemacht, sich auf Okkultismus eingelassen, den Betrieb der Universitäten kennengelernt und an der päpstlichen Kurie in Avignon zu tun gehabt.

Seine Polemik gegen die spätscholastische Theologie zielte auf ihre unerfreulichen Auswüchse. Von einer Verachtung des Forschens und Wissens war Grote weit entfernt. Auch nach seiner Bekehrung blieb er ein Bücherfreund, kaufte viele Bände und ließ sie abschreiben. Armen Studenten bot er damit eine Gelegenheit, Geld zu verdienen und gleichzeitig sich geistig und religiös zu bilden. Wenn die Kopisten ihre Arbeit ablieferten, pflegte Grote sich mit ihnen in erzieherischer und seelsorglicher Absicht über den Inhalt des Geschriebenen zu unterhalten. Zugleich tat er eine Menge zur Verbreitung guter Schriften. Grote selbst benötigte Bücher zur Vorbereitung seiner Predigten. Wenn er die Irrlehrer angriff, berief sich der Wanderprediger auf die Kodizes, die er stets in einem Sack mitschleppte; das war ein Arsenal, dessen er sich auch zur Verteidigung bediente, wenn seine Gegner ihm selbst Ketzerei vorwarfen.

So unerbittlich der Volksredner die kirchlichen Mißstände anprangerte, so unverbrüchlich war seine Treue zur Kirche und ihrer Hierarchie. Das unterscheidet Grote von anderen Reformern und populären Kirchenkritikern damals und heute. Er übte Kritik an kirchlichen Praktiken, nicht an kirchlicher Lehre.

Trotzdem konnte es nicht ausbleiben, daß Grote sich allerlei Gegner schuf. Temperamentvoll wie er war, schoß er manchmal über das Ziel hinaus. Wenn er klerikale Privilegien, die juristisch berechtigt, vom Evangelium her aber fragwürdig waren, scharf verurteilte oder klerikale Gewohnheiten, die bequem, aber sittlich anstößig waren, bekämpfte, brachte er natürlich alle Nutznießer dieser Usancen gegen sich auf. War es nicht ein Skandal, daß er behauptete, das Geld, das für den Bau des Utrechter Domturms gefordert wurde, werde den Armen gestohlen?[4] Bettelorden und Stiftskapitel bereiteten ihm Scherereien und erreichten es schließlich, daß ein Predigtverbot des Bischofs von Utrecht ihm, nach nur drei Jahren Predigttätigkeit, den Mund verschloß.

Wieder lebte Grote das, was er predigte: Er gehorchte seinem kirchlichen Vorgesetzten. Allerdings reichte er, was ihm zustand, bei der päpstlichen Kurie Einspruch ein. Die Aufhebung des Predigtverbots hat er nicht mehr erlebt. Er starb mit 43 Jahren an der Pest, die er sich im Dienst an Pestkranken zugezogen hatte.

In einem Hirtenbrief legten die niederländischen Bischöfe 1984 die Aktualität von Grotes Frömmigkeit und Lebensstil dar. Dieser Meister christlicher Spiritualität lehre vier Dinge: 1. daß ohne beharrliche Bekehrung des Herzens die Reform kirchlicher Einrichtungen nicht zum Ziele führe; 2. daß wir Gott im Alltag, im Kleinen, finden müssen; 3. daß wir uns auf Christus konzentrieren sollen, indem wir die Evangelien lesen und die Eucharistie und das Bußsakrament empfangen; 4. daß wir den Menschen realistisch betrachten müssen: wie er ist in seiner Anfechtbarkeit und Schwachheit.[5]

Eine Genfer Grote-Forscherin nannte jüngst drei Punkte als Grotes Botschaft für heute: 1. Grote lehrte die Innigkeit als Anfang des geistlichen Lebens; Rückkehr zum Kern unseres Wesens durch Selbsterkenntnis und Prüfung unseres Treibens im Lichte des Evangeliums; Hinordnung unserer Absichten und Handlungen auf das letzte Ziel: auf Gott als Liebe. 2. Grote bot den Laien die Möglichkeit, ein gemeinsames Leben im Dienste Gottes zu führen, was dem heutigen

Drang nach Gemeinschaft entspricht, und so mit Christus in der Gemeinschaft der Heiligen gleichförmig zu werden. 3. Grote verstand Armut nicht nur als maßvollen Verzicht auf weltliche Güter, sondern auch als gerechte Verteilung der Güter unter den Bedürftigen.[6]

Die moderne Frömmigkeit

Geert Grote wirkte fort durch seine Schriften und Übersetzungen. Er übertrug Teile der Liturgie, die sieben Bußpsalmen, das Totenoffizium und einige Horen in die niederländische Umgangssprache und begründete damit die nordniederländische Psalmenübersetzung. Er wirkte fort vor allem in den Institutionen der von ihm begonnenen Bewegung der *Devotio moderna*, obwohl deren Spiritualität sich allmählich von Grotes Spiritualität entfernte. *Devotio moderna* bedeutet: „zeitgemäße Frömmigkeit". Was war denn modern an dieser Bewegung?

Wenn man das Gedankengut des ungemein reichen Schrifttums der *Devotio moderna* daraufhin prüft, findet man keine einzige neue Idee. Jede einzelne theologische, aszetische oder mystische Lehre kommt schon in der christlichen Literatur früherer Jahrhunderte vor, bei Cassian, Augustinus, Bernhard von Clairvaux, den Viktorinern, Eckhart, Seuse, Tauler und Ruysbroeck.

Daß die Brüder und Schwestern vom gemeinsamen Leben ohne Gelübde und ohne Habit außerhalb eines Ordens eine Art monastisches Leben führten, also nicht mehr ganz Laien zu sein schienen, aber auch keine Mönche und Nonnen waren, kam Zeitgenossen als etwas Neuartiges vor. Da lebten Laien und Kleriker ohne Unterschied des Standes in Hausgemeinschaften zusammen, um sich ohne Weltflucht zu heiligen. Eine feste Regel kannten sie nicht, doch bildeten Keuschheit, Armut und Arbeit die Grundlagen ihrer Lebensform. Man verzichtete auf Ämter, Reichtum und Gelehrtenruhm, lebte demütig, bescheiden und schlicht. Diese Häuser waren nicht elitär, sondern standen allen offen, auch Nichtakademikern.

Die Brüder und Schwestern trachteten nach einer persönlichen, innerlichen Frömmigkeit. Ihr Ziel war Erhebung zu Gott, ihre Mittel Meditation, Bibellesung und Gebet. Nicht die Gipfel der Mystik eines Meisters Eckhart strebten sie an, auch keine Ekstasen und Visionen. Wohl pflegten sie methodisch die Versenkung in das Leben, Leiden, Sterben und Auferstehen Christi. In allem hielt ihr nüchterner Sinn Maß.

Neben der Beschaulichkeit lehrten und übten die Fraterherren auch das tätige Leben. Jeder sollte Gott dienen in seiner Berufsarbeit: Predigt, Unterricht, Krankenpflege, Abschreiben und Verbreiten der Heiligen Schrift und religiöser Bücher. Kennzeichnend für die Fraterherren war das brüderliche Gespräch miteinander, mit Pfarrangehörigen oder mit Jugendlichen. Man mühte sich um die Gewissensbildung der Schuljugend.

Solch „eine geistliche Lebensform zwischen Kloster und Welt"[7] war nicht absolut neu in der Kirchengeschichte. Auch in früheren Jahrhunderten hatte es Semireligiöse gegeben. Und in unserer Zeit sind Gemeinschaften entstanden mit ähnlichen Zielen, z. B. Säkularinstitute.

Nach der Vorstellung des Reformers Grote sollte aus dem im Alltag gelebten Glauben die Kirche erneuert werden. Tatsächlich war die *Devotio moderna* eine der europäischen Reformbewegungen, die aus dem späten Mittelalter in die Neuzeit führten. Was ursprünglich von Grote als eine Laienbewegung begonnen worden war, wirkte bald erneuernd auf die monastische Welt. Denn neben diesen „Häusern" der Fraterherren entstanden Reformklöster der Regularkanoniker, zuerst – durch Radewijns – in Windesheim bei Zwolle, später anderswo. Sie schlossen sich zur Windesheimer Kongregation zusammen. Welche Kraft zur Erneuerung der Kirche hier vereinigt war, davon mag eine einzelne Begebenheit eine Vorstellung geben: Der große Philosoph und Kirchenreformer Nikolaus von Kues beauftragte Windesheimer Augustinerchorherren, das in seinem Bistum Brixen gelegene Kloster Neustift zu reformieren.

Am Anfang des 15. Jahrhunderts war die Bewegung der *Devotio moderna* längst über das Gebiet der nördlichen und südlichen Niederlande hinausgeschritten. Sie strahlte aus ins Rheinland, griff hinüber ins Elsaß, in die Schweiz, nach Frankreich, Spanien, Italien, Westfalen, Württemberg, Böhmen bis nach Polen. Um 1500 gab es 74 Häuser der Brüder und Schwestern vom gemeinsamen Leben und 96 Klöster der Windesheimer Kongregation, außerdem fast 300 Klöster, die ihr nicht inkorporiert waren, aber unter ihrem Einfluß standen.

Früher wurde die *Devotio moderna* gewöhnlich in Verbindung mit der Reformation und dem Humanismus gesehen, was nach heutigem Kenntnisstand übertrieben war. Freilich hatte die *Devotio moderna* gewisse Anliegen der Reformation vorweggenommen:

die Schriftbezogenheit, das Lesen der Bibel in der Volkssprache, die Christozentrik, die Kritik an veräußerlichter Frömmigkeit, z. B. am Wallfahrtswesen, das damals sonderbare Blüten trieb; aber ihr Einfluß auf die Reformatoren des 16. Jahrhunderts darf nicht überschätzt werden. Was den Humanismus angeht, so stand er eher im Gegensatz zur *Devotio moderna*. Indessen ist hier noch eine Menge Forschungsarbeit zu leisten, ehe man das wechselvolle Ineinander, Miteinander oder Gegeneinander dieser Bewegungen, deren jede in sich sehr verschiedene Formen und Tendenzen umfaßte, deutlich zu erkennen vermag.

Im Laufe des 16. Jahrhunderts hörte der Einfluß der *Devotio moderna* allmählich auf. Das reiche Schrifttum der Bewegung, bestehend aus Rapiarien (Sammlungen von Lesefrüchten zur persönlichen Erbauung), Briefen, Predigten, geistlichen Traktaten, Stundenbüchern, Exerzitien, Gebetbüchern, Viten und Chroniken, geriet in Vergessenheit. Nur *ein* Werk blieb und wird immer noch gelesen, weshalb man in ihm den Höhepunkt der modernen Frömmigkeit sieht: *Die Nachfolge Christi.*

In en Hoexken met en Boexken

Wenn man in der *Nachfolge Christi* liest, stößt man auf Stellen, in denen man die ganz persönliche Stimme des Verfassers zu hören glaubt. Ist Thomas von Kempen selbst der Ängstliche, von dem er erzählt?

„Als ein Ängstlicher oft zwischen Furcht und Hoffnung schwankte und sich einmal, von Gram erschöpft, in der Kirche vor einem Altare im Gebete niederwarf, dachte er bei sich: O wenn ich wüßte, ob ich künftig durchhalten werde! Sogleich hörte er innerlich die göttliche Antwort: Wenn du das wüßtest, was wolltest du dann tun? Tu jetzt, was du dann tun wolltest, und du wirst ganz sicher sein! Bald getröstet und gestärkt, überließ er sich dem göttlichen Willen, und das ängstliche Schwanken hörte auf."[8]

An anderer Stelle liest man dieses Bekenntnis: „Oft ist es eine Kleinigkeit, die mich mutlos und traurig macht. Ich nehme mir vor, entschlossen zu handeln; aber wenn eine kleine Versuchung naht, wird mir angst und bange. Manchmal ist es etwas ganz Geringfügiges, was mich in schwere Versuchung führt."[9]

Diese und ähnliche Passagen erwecken den Eindruck, der Mann, der sie schrieb, habe in großer Gewissenhaftigkeit es sich nicht leicht gemacht. Den Umgang mit Menschen und mit praktischen Aufgaben scheint er eher als eine Last und als eine Gefahr für seine Seele empfunden zu haben. Er gehörte wohl zu jenen, die sich in Einsamkeit und Stille wohler fühlen als in Gesellschaft und Lärm.

Manche Stellen aus der *Nachfolge Christi*, die vielleicht autobiographisch gedeutet werden können, scheinen das zu bestätigen: „Oft widert es mich an, so vieles zu lesen und zu hören."[10] „Ich wollte, ich hätte öfter geschwiegen und wäre nicht unter Menschen gewesen."[11] In einer Betrachtung über Geschwätzigkeit und Verschwiegenheit gesteht der Verfasser: „Durch Schaden bin ich klug geworden. Hoffentlich verhilft mir das zu größerer Vorsicht statt zu weiterer Dummheit."[12]

Die Vorstellung, Thomas von Kempen sei ein Mensch gewesen, der nichts als seine Ruhe suchte, festigt sich, wenn wir glauben, was der Chronist von ihm meldet: „Seine einzige Lust und Erholung waren die geistlichen Bücher, die sein Gemüt himmelwärts erhoben, und schon früh war sein bekannter Wahlspruch: ‚In allen Dingen habe ich Ruhe gesucht, doch fand ich solche nirgends, außer in einem Winkel mit einem Büchlein, oder, wie es auf niederländisch heißt: in en Hoexken met en Boexken'."[13]

Diesen Spruch setzte man auch unter das Bildnis des Thomas von Kempen bei seinem Grabe, und obwohl er nicht in den Werken des Thomas vorkommt, wurde er mit dem Bildnis weit verbreitet und bestimmte das Klischee vom einsiedlerischen Bücherwurm, der ungern gestört sein will.

War nicht Thomas von Kempen das Gegenteil von Geert Grote? Dieser völlig nach außen gekehrt, in aller Welt unterwegs und missionarisch aktiv, jener völlig nach innen gewandt, sein ganzes Leben hinter Klostermauern verbringend, und zwar durchaus passiv?

Die Fakten ergeben ein etwas anderes Bild. Gewiß waren Thomas von Kempen und Geert Grote im Temperament und Lebensstil sehr verschiedene Verkünder der *Devotio moderna*, aber Verkünder waren beide, und beide verkündeten im wesentlichen dasselbe Ideal. Auch der Aktivist Grote, der weder Priester noch Mönch wurde, zog sich zwischen den beiden turbulenten Abschnitten seines Lebens für drei Jahre in die Klausur des strengsten Ordens zurück, weil er es für notwendig hielt, Einkehr zu halten. Auch der kontemplative Thomas, der es vorzog, nicht in das halbmönchische Haus der Fraterherren zu Deventer, sondern in das vollmönchische Kloster der Regularkanoniker von St. Agnetenberg bei Zwolle einzutreten, lebte in einer Gemeinschaft, die ihm verantwortungsvolle praktische Aufgaben übertrug. Hätte Thomas von Kempen das nicht gewollt, so hätte er ja Eremit werden können.

Zweifellos hat Johannes Hemerken, seit 1399 Prior von St. Agnetenberg, einem Kloster der Windesheimer Kongregation, seinem jüngeren Bruder Thomas die Lebensweise in dieser Kommunität erläutert. Daß Thomas nach seinem Eintritt in St. Agnetenberg noch ein paar Jahre warten mußte, ehe er 1406 als Novize eingekleidet wurde, beweist, daß man sich beiderseits diesen Schritt lange überlegt hatte, ehe man ihn vollzog. 1407 legte Thomas die Gelübde ab, 1413 oder 1414 empfing er, 34 Jahre alt, die Priesterweihe.

In St. Agnetenberg blieb Thomas siebzig Jahre seines langen Lebens. Nur zweimal mußte er längere Zeit abwesend sein, jedesmal aus einem traurigen Anlaß. Das erste Mal zog er mit dem ganzen Konvent ins Exil nach Ludingakerk in Friesland, weil die Chorherren von St. Agnetenberg während der Utrechter Kirchenspaltung dem Papste treu bleiben wollten. Das zweite Mal weilte Thomas einige Monate in einem Kloster bei Arnheim am Bette seines sterbenden Bruders. Bei dieser Gelegenheit besuchte er das nahe Kartäuserkloster von Monnikhuizen, um das Arbeitszimmer von Geert Grote zu sehen – ein weiteres Zeichen dafür, wie sehr er den tatkräftigen Missionar und Reformer schätzte.

Thomas' eigenes Leben in St. Agnetenberg war nicht ohne Aktivitäten. Immerhin war er eine Weile Ökonom des Klosters, und zwei Mal wurde er zum Subprior gewählt – ein Amt, das er viele Jahre versah. Gleichzeitig war er Novizenmeister, hatte zu predigen und zu unterrichten. Außerdem nahmen viele, auch auswärtige Personen wie Johann Wessel Gansfort, ihn als Ratgeber in Anspruch. Er sagte sich selbst: „Warum suchst du Ruhe, da du zur Arbeit geboren bist?"[14]

Einen großen Teil seiner Zeit verbrachte Thomas mit dem Abschreiben von Büchern. Solange es noch keinen Buchdruck gab, war dies die einzige Möglichkeit der Vervielfältigung. Für die Fraterherren und die Augustinerchorherren war das Kopieren für den Büchermarkt eine Haupteinnahmequelle. Thomas schrieb vier Mal die gesamte Bibel ab, was dazu führte, daß er die Heilige Schrift auswendig kannte und in seinen eigenen Werken außerordentlich oft aus dem Gedächtnis zitierte. Außerdem schrieb Thomas das Meßbuch und die Werke des Bernhard von Clairvaux ab.

Diese Arbeiten führte er mit größter Sorgfalt aus, getreu seinem Grundsatz: „Viel bewirkt, wer eine Sache gut verrichtet."[15] Wir können uns in der Königlichen Bibliothek zu Brüssel und in der Staatsbibliothek zu Darmstadt davon überzeugen anhand der dort vorhandenen Autographen des Thomas von Kempen. Diese kalligraphischen Manuskripte entzücken uns durch ihre schöne, klare und gleichmäßige Schrift. Übrigens hatte Thomas bis in sein hohes Alter keine Brille nötig.

Viele Stunden nutzte Thomas zu eigenem literarischem Schaffen. Außer den *Vier Büchern von der Nachfolge Christi* verfaßte er 36 Werke. Dabei ist es für ihn bezeichnend, daß seine schriftstellerische Arbeit von pastoraler Absicht geleitet war. Keineswegs farblos von grauer Theorie, zielte sie lebendig und anschaulich auf Praxis. Das meiste, was Thomas schrieb, wandte sich an die Novizen, die er auszubilden hatte: Predigten, Dialoge, Biographien der führenden Geister der *Devotio moderna*, Briefe, eine Chronik von St. Agnetenberg und mehr als hundert Lieder. Belehrende Abschnitte wechseln mit Gebeten. Nachdem Thomas, 91 Jahre alt, 1471 gestorben war – inzwischen war die Buchdruckerkunst erfunden worden –, hielt man seine Schriften für so wertvoll, daß man sie sammelte und schon drei Jahre nach seinem Tode im Druck herausgab.[16]

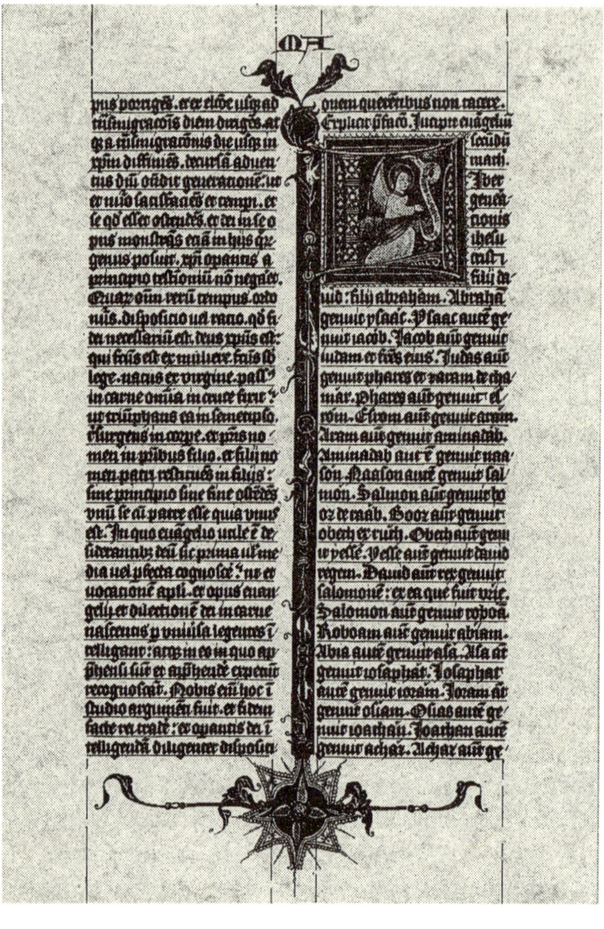

Illustrierte Seite aus der von Thomas in den Jahren 1427–1439 angefertigten Handschrift.

Das verbreitetste, zugleich das umstrittenste Buch der Welt

Die *Nachfolge Christi,* deren letzte Fassung Thomas von Kempen 1441 schrieb, gilt als das nach der Bibel verbreitetste Buch der Welt. Zugleich ist es auch das umstrittenste. Schon um 1500 waren die Gelehrten darüber uneins, wer das Werk verfaßt habe. Viele Autoren wurden als Verfasser vorgeschlagen, und im Laufe der Jahrhunderte wurde über dieser Streitfrage eine Menge Tinte verbraucht.

Daß dieser Streit überhaupt möglich wurde, wirft ein Licht auf die Person des Thomas von Kempen. In seiner großen Bescheidenheit trat er so sehr hinter seinem Werk zurück, daß viele alte Handschriften den Namen des Verfassers verschweigen. Schon gleich zu Anfang fordert die *Nachfolge Christi* den Leser auf, über Nebensächlichem nicht die Hauptsache aus den Augen zu verlieren: „Frage nicht, *wer* das gesagt hat, sondern erwäge, *was* gesagt ist."[17]

Innere und äußere Gründe sprechen dafür, daß in der Hauptsache Thomas Hemerken von Kempen dieses Werk schuf, und die Gelehrten sind sich heute darüber einig, daß er ihm die letzte Form gab. Thomas mag einige Texte von Grote verwendet haben, stellen ja die vier Bücher der *Nachfolge Christi* ursprünglich keine Einheit dar, sondern vier selbständige Werke.

Weder formal noch gedanklich aus einem Guß, bietet die *Nachfolge Christi* keine systematische Frömmigkeitslehre. Sie baut sich auch nicht auf einem einzigen Grundgedanken auf. Der Titel paßt nur zum Eingangskapitel und weckt falsche Erwartungen. Und doch entstammen die verschiedenartigen Teile dieses Werkes ein und derselben geistigen Haltung, die geprägt war von der *Devotio moderna*.

Buch I der *Nachfolge Christi* ist ein Selbstgespräch; oft wird die eigene Seele als ein Du angeredet. In Buch II spricht der Seelenführer den Leser an. Während die beiden ersten Bücher sich in nüchternen Aphorismen, kurzen Erwägungen, rhetorischen Fragen oder Befehlen auslassen und sich nur selten mit knappen Gebetsrufen an Gott wenden, weisen das dritte und vierte Buch einen anderen Ton und Stil auf: Es sind innige Zwiegespräche zwischen dem Jünger und dem göttlichen Meister. Christus erscheint als der ältere Bruder, der uns im Leiden vorangegangen ist, als der geliebte Freund, dessen Freundschaft alle menschliche Freundschaft übertrifft, als der in Brotsgestalt anwesende Erlöser. Das kunstlose, aber innerlich beseelte Latein des Werks läßt den niederländischen Sprachgebrauch öfters durchscheinen. Dem Inhalt und der geistigen Grundhaltung ist das schlichte Sprachgewand vollkommen angemessen.

Nach diesem kurzen Blick auf Verfasserfrage, Aufbau und Stil wollen wir dem Rate Thomas' folgen und das Wichtigste, nämlich den Inhalt der *Nachfolge Christi*, erwägen.

Die 25 Kapitel des ersten Buches handeln von der Betrachtung des Lebens Jesu, von der Geringschätzung seiner selbst, von der Vorsicht im Handeln, vom Lesen heiliger Schriften, von den ungeordneten Trieben, vom Vermeiden überflüssigen Redens und vorschnellen Urteils, vom Nutzen der Widerstände, vom Ertragen der Fehler anderer, von der Liebe zur Einigkeit und zum Schweigen, von der Zerknirschung des Herzens, von der Betrachtung des menschlichen Elends, von Tod und Jüngstem Gericht, von der eifrigen Besserung unseres ganzen Lebens.

Die zwölf Kapitel des zweiten Buches behandeln das innerliche Leben, die Friedfertigkeit, das reine Herz, die Selbstprüfung, die Freude des guten Gewissens, die Liebe Jesu, die Freundschaft mit Jesus, den Mangel allen Trostes, die Dankbarkeit für die Gnade Gottes, die geringe Zahl derer, die das Kreuz Jesu lieben.

Das dritte Buch erörtert die Wirkung der göttlichen Liebe, die Prüfung eines wahren Liebenden, Demut, Weltverachtung und Kampf gegen die Begierden, Geduld, Gehorsam und Gottvertrauen. Es lehrt unter anderem, daß alles Schwere um des ewigen Lebens willen ertragen werden muß; wie ein verzweifelter Mensch sich in Gottes Hand geben soll; daß man bei geringen Werken bleiben soll, wenn man für hohe zu schwach ist; daß man nicht allzu niedergeschlagen sein soll, wenn man einmal gestrauchelt ist; daß man über zu hohe Dinge und Gottes verborgene Ratschlüsse nicht grübeln soll.

Das vierte Buch handelt ganz von der Eucharistie. Der Mensch bedürfe, da er in einem Leibe lebt, der Speise und des Lichts. Darum habe Christus seinen Leib zur Erquickung gegeben und sein Wort als

Leuchte für den Wandel aufgestellt. Ohne diese beiden Gaben könne der Mensch nicht leben. So stünden in der Kirche zwei Tische: auf dem einen stehe das Sakrament, auf dem anderen die Heilige Schrift. Thomas von Kempen wundert sich, daß viele Leute weite und beschwerliche Wallfahrten unternehmen, um die Reliquien von Heiligen zu sehen und zu küssen, aber den kurzen Weg zur Kommunionbank scheuen, wo Gott selbst empfangen werden kann. Mangelnde Andacht sollte uns nicht abhalten, die Eucharistie oft zu empfangen, die uns vom Bösen abhält und im Guten bestärkt.

Man sollte es nicht für möglich halten, daß die Umstrittenheit der *Nachfolge Christi* sich neuerdings auch auf ihren Inhalt und ihre gesamte Tendenz bezieht. Früher war es nur das vierte Buch, das hier und da in protestantischen Kreisen aus dogmatischen Gründen kein Verständnis fand und deshalb in manchen Ausgaben einfach fortgelassen wurde. Aber das ganze Werk zu verurteilen, blieb unserem tiefverwirrten Jahrhundert vorbehalten. Die extremsten Urteile über die *Nachfolge Christi* äußerten innerhalb von sechs Jahren zwei Jesuiten: Der eine, ein Spanier, nannte das Hauptwerk des Thomas von Kempen „unchristlich"[18], der andere, ein Deutscher, „ganz und gar christlich".[19]

Was heutige Kritiker der *Nachfolge Christi* vorwerfen, ist ihre „Einseitigkeit": In ihr komme gegenüber dem Gemüt der Intellekt, gegenüber der Gnade die Natur, gegenüber dem Geist der Leib, gegenüber der einzelnen Seele die Gemeinschaft zu kurz. Ja, sie sei im Grunde anti-intellektuell, weltfeindlich und asozial.

Diese Kritiker müssen sich zunächst einmal sagen lassen, daß ihre Position nicht minder „einseitig" ist. Aber sodann: Wer hat etwas gegen „Einseitigkeit"? Ich bin zwar nicht der Meinung, daß „ausgewogene" Bücher nur langweilig sein können; aber ich finde, daß in der Einseitigkeit eine gewaltige Stoßkraft liegt. Das kann freilich, im Hinblick auf die Wahrheitserkenntnis, schlecht sein; nämlich dann, wenn Wahrheiten nicht nur ausgelassen, sondern ausdrücklich geleugnet werden. Bei Thomas von Kempen ist das keineswegs der Fall. Die Dimensionen, die uns heute wichtig sind und die von der *Nachfolge Christi* nicht ausdrücklich einbezogen werden, werden von ihr aber auch nicht ausdrücklich bestritten.[20]

Schließlich ist zu bedenken: Welchem Schriftsteller könnte man nicht Einseitigkeit vorwerfen? Allgemein gilt, „daß der literarische Ausdruck christlicher Wahrheit durch die Besonderheiten der Umwelt, der Gesellschaft, der Zeit, des jeweiligen Autorentemperaments, der literarischen Gattung und der Adressaten bestimmt ist. In keinem einzigen Buch besitzen wir die christliche Wahrheit an sich; selbst die Gipfelleistungen der christlichen Literatur haben neben ihren Vorzügen auch ihre ganz besonderen Schwächen. Jedes dieser Bücher ist ein Spiegel christlicher Wahrheit, aber mit eigentümlichen Trübungen und blinden Stellen. Gerade darum möchten wir keins missen, denn was das eine nicht sehen läßt, zeigt uns ein anderes."[21]

Im besonderen Falle der *Nachfolge Christi*, deren Einseitigkeit hier nicht bestritten werden soll, kommt noch hinzu, daß manche Kritiker diese Einseitigkeit stark übertrieben. Einige Vorwürfe gegen Thomas von Kempen treffen nicht einmal zu. Vieles von dem, was man in seiner *Nachfolge Christi* vermißt, ist doch an einigen Stellen in ihr vorhanden, oder man findet es in anderen seiner Schriften.

Widerlegung gängiger Fehlurteile

Angesichts mancher Sätze in der *Nachfolge Christi* werfen gewisse Kritiker unserem Thomas vor, er verachte Vernunft und Wissenschaft. Zum Beispiel: „Ich halte es für besser, Reue zu empfinden, als ihre Definition zu kennen."[22] „Bestimmt ist ein demütiger Bauer, der Gott dient, besser als ein überheblicher Weiser, der den Lauf der Sterne beobachtet und dabei sich selbst versäumt."[23] „Was nützt uns das viele Gerede über Okkultes und Dunkles? Am Tage des Gerichtes wird man uns nicht vorwerfen, daß wir solches nicht wußten."[24]

Es wäre verfehlt, in solchen Sätzen das Ressentiment eines Mannes zu finden, dem Scharfsinn nicht gegeben war. Gewiß zählt niemand Thomas von Kempen zu den Denkern. Aber der gelehrte Grote, ein subtiler Kopf, urteilte in diesem Punkt genau so wie Thomas. Diese negativen Urteile beziehen sich auf die Spitzfindigkeit spätmittelalterlicher Scholastiker, die sich allein auf die Logik verließen. Keineswegs hatte Thomas von Kempen etwas gegen Bücher, denn er las viel und schrieb selbst Bücher. Daß er die Frömmigkeit höher schätzte als Bücherweisheit, ist freilich nicht nur als Reaktion gegen die Universitätswissenschaft seiner Zeit zu verstehen. Er hat grundsätzlich, unabhängig vom Zeitbezug, recht, wenn er sagt, daß Lebensgestaltung wichtiger ist als spekulatives Denken.

Ein weiterer Vorwurf gegen die *Nachfolge Christi* ist ihre „Weltverachtung". Aber was heißt „Welt"? Schon im Neuen Testament, dann in der gesamten christlichen Literatur, wird das Wort „Welt" für zwei völlig verschiedene Dinge gebraucht: Einmal meint es die Sphäre des Gottfremden und Gottwidrigen, das zu überwinden ist, ein andermal die Schöpfung, durch die Gott erkannt und geliebt werden kann und die von Gott selbst geliebt wird. Nur die Welt in dem ersten Sinne wird, wie es sich für einen Christen gehört, von Thomas von Kempen verachtet; die Welt im zweiten Sinne wird in der *Nachfolge Christi* bejaht und geliebt. Thomas schreibt: „Keine Kreatur ist so klein und gering, daß sie nicht Gottes Güte darstellte."[25] In der Eucharistie werden irdische Wirklichkeiten wie Brot und Wein sogar geheiligt und zum Mittel des Heils: Dieses „heilbringende Geheimnis ... erfreut den Himmel und bewahrt die ganze Welt in ihrem Sein".[26] Jesus ist das Brot, „das der Welt Leben gibt".[27] Gott hat „der ganzen Welt seine Liebe erklärt".[28] Diese Worte des Thomas von Kempen drücken das Gegenteil von Weltverachtung aus. Der einzige außerbiblische Heilige, den die *Nachfolge Christi* erwähnt, ist Franz von Assisi, der die Schönheit der Welt besang. Auch Thomas von Kempen ist nicht lebensfeindlich, predigt keine ängstliche Weltentsagung.

Am häufigsten wird heute gegen die *Nachfolge Christi* eingewandt, sie hebe einseitig das Private, Subjektive, Individuelle hervor und klammere Apostolat, Gemeinde und Kirche aus.[29] Sie dringe auf die Bereitschaft des einzelnen zur Hingabe an Christus und auf die innere Freiheit des Herzens, was, so meint entgegenkommend der spanische Jesuit, „annehmbar" sei; doch gefährlich sei, so warnt dieser Gelehrte, daß die *Nachfolge Christi* die „Gemeinschafts- und Öffentlichkeitsdimension des Glaubens" außer acht lasse, was dazu führen könne, daß „der einzelne schließlich sogar unfähig ist zu begreifen, daß Jesus nicht nur auf die Erde gekommen ist, damit es in der Welt *Heilige* gebe, sondern vor allem dafür, daß es in der Welt *Gemeinschaften* gebe".[30]

Diese Bemerkung über einen Autor, der bei den Brüdern vom *gemeinsamen* Leben erzogen wurde, der in die *Gemeinschaft* eines Klosters eintrat und der dieser *Gemeinschaft* in verschiedenen Funktionen diente, ist einigermaßen erstaunlich.

Indessen erweckt die *Nachfolge Christi* streckenweise tatsächlich den Eindruck, als könne sich Thomas von Kempen geistliches Leben nur im Verzicht auf jede soziale und politische Tätigkeit vorstellen, als resigniere er angesichts des Weltlaufs: Da man ihn ohnehin nicht aufhalten könne, solle man sich wenigstens selbst retten.

Wenn Thomas von Kempen schreibt, wo die Menge sei, da sei viel Lärm und große Zerstreuung, bezeugt er eine Haltung, welche die innere Unabhängigkeit sehr hoch schätzt. Und wenn er öfters davon spricht, man solle sich um das Urteil der Menschen, sei's Lob, sei's Tadel, nicht im geringsten kümmern, tut er das mit Worten, die nach Menschenverachtung klingen. Es bedarf nicht der Zitate aus Seneca, um zu erkennen, daß die *Nachfolge*

Christi etwas stoisch eingefärbt ist. Für den Umgang mit seinen Mitmenschen, für das Gespräch, für gemeinsames Tun scheint der Künder der Innerlichkeit wenig Sinn zu haben.

Betont Thomas von Kempen nicht die Sorge um das eigene Seelenheil auf Kosten der Sorge um das Seelenheil der Mitmenschen? Er rühmt die Stille der Einsamkeit nicht als eine Quelle der Kraft, an der man sich stärkt, um dann in die Welt hinauszugehen zu apostolischer und humanitärer Arbeit, sondern als einen Ort, der frei ist von den Gefahren und Versuchungen der Welt, die das eigene Seelenheil bedrohen.

Immer wieder preist Thomas von Kempen Zurückgezogenheit, Einsamkeit und Stille. Man solle, wenn einem der Seelenfrieden lieb ist, sich nicht um fremde Angelegenheiten kümmern, nicht neugierig die Verhältnisse anderer zu kennen suchen, nicht dauernd umherreisen, um vieles zu sehen und zu hören, nicht mit der lärmenden Menge laufen.

In seiner Schrift *Das Liliental* schreibt er: „Der muß sehr stark und behütet sein, der draußen in der Welt unter Menschen lebt, wenn sein Inneres nicht Schaden leiden soll."[31]

Um diese Äußerungen gerecht zu beurteilen, darf man nicht vergessen, daß Thomas von Kempen für Mönche schreibt, und zwar im 15. Jahrhundert. Den vielen Ordensleuten, die damals außerhalb der Klausur sich auf den Landstraßen umhertrieben und durch Bürgerhäuser schlichen, diese Mahnungen zu sagen, war angebracht. Auch hatte Thomas als Ökonom von St. Agnetenberg wohl trübe Erfahrungen gemacht. Er scheute den Betrieb der Geschäfte wie ein gebranntes Kind das Feuer.

Die individualistischen Züge der *Nachfolge Christi* kann man auch als ein notwendiges Gegengewicht verstehen zu dem in den mittelalterlichen Jahrhunderten überstark betonten Gemeinschaftsgedanken. Es war an der Zeit, sich wieder auf das augustinische „Gott und die Seele – sonst nichts" zu besinnen.[32] Thomas von Kempen war in dieser Hinsicht sogar Avantgardist, denn er nahm den Individualismus, den später der Humanismus und die Renaissance zur Geltung brachten und der die ganze Neuzeit bestimmte, bereits im Ansatz vorweg. Und heute, im Zeitalter der alles nivellierenden Massengesellschaft, könnten die Postulate des Thomas von Kempen, die „individualistisch" klingen, aber im Geiste christlicher personalistischer Existenzphilosophie zu verstehen sind, als ein heilsames Korrektiv wirken. Vorausgesetzt, die *Nachfolge Christi* wird noch gelesen.

Wenn ich (in einem angesehenen Nachschlagewerk) über die *Nachfolge Christi* die Auskunft bekomme: „Die Reputation des Buches verringerte sich im 20. Jahrhundert", dann kann ich nur murmeln: „Stimmt!" Wenn ich aber weiterlese: „ . . . wegen des in ihm enthaltenen Quietismus. Die sozialen Implikationen des Evangeliums und der von ihnen wohl geforderte Aktivismus finden in Thomas' Buch keine Stütze"[33], dann schreie ich: „Stimmt überhaupt nicht!"

Unter Quietismus versteht man die Haltung totaler tatenloser Passivität. Nun gibt es in der *Nachfolge Christi* (wie ja auch im Neuen Testament) ein paar Sätze, die tatsächlich die Ruhe und Gelassenheit preisen. Aber dabei handelt es sich für Thomas von Kempen nicht darum, dem Hang zur Bequemlichkeit, zur Muße und zum Genuß nachzugeben. Auch kann man nicht sagen, Thomas empfehle einseitig die passiven Tugenden der Geduld, Ergebenheit und Demut. Sosehr er den Kampf nach außen ablehnt, sosehr fordert er in der *Nachfolge Christi* den Kampf im Innern gegen Versuchungen. Das geistliche Leben ist für ihn kein Idyll, sondern eine gewaltige Anstrengung, ein Ringen um Fortschritt, eine mühevolle Überwindung der Leidenschaften. Ohne Kampf und Leid könne das Leben nicht sein; wir müßten wie tapfere Männer im Krieg ausdauern und wie gute Soldaten streiten.[34] Das ist ganz und gar nicht quietistisch.

Auch in seinen anderen Schriften ruft Thomas von Kempen immer wieder auf zum Kampf gegen die eigenen Fehler und Laster.[35] In einem Briefe warnt er vor Verweichlichung und Trägheit und fordert Anstrengung, Mühe und Selbstzucht.[36] In einem anderen Brief schreibt er: „Ein täglicher Krieg ist zu führen, weil wir täglich versucht werden."[37]

Thomas von Kempen weiß, daß der geistliche Kampf keineswegs eine Serie von Siegen bedeutet. Die Fanfaren eines triumphalistischen Christentums vernimmt man bei ihm nicht. Offen gibt er seine Niederlagen zu. Immer wieder gesteht er in der *Nachfolge Christi* sein Versagen und seine Schwäche.

Das alles, gewiß, betrifft lediglich das Innenleben und widerlegt nur die Behauptung, Thomas sei Quietist gewesen. Aber auch die Behauptung: „Die sozialen Implikationen des Evangeliums und der von ihnen wohl geforderte Aktivismus finden in Thomas' Buch keine Stütze", auch diese Behauptung ist mit einer Menge von Zitaten zu widerlegen. Hier nur ein paar:

„Schäme dich nicht, *andern* aus Liebe zu Jesus Christus zu dienen."[38] „Um des Vorteils eines Armen willen kann man zuweilen ein gutes Werk unterlassen oder vielmehr in ein besseres umwandeln."[39] Man könne, lehrt Thomas von Kempen, eine gewohnte Andacht oder Frömmigkeitsübung für einen *Liebesdienst* unterlassen, wenn man einem Bruder nützen kann.[40] *„Bemühe dich,* im Ertragen der Fehler und Schwächen anderer geduldig zu sein, denn auch du hast vieles, was von anderen ertragen werden muß. Wenn du nicht vermagst, dich zu dem zu machen, der du sein willst, wie wirst du einen anderen nach deinem Wohlgefallen haben können?"[41] „Warum suchst du Ruhe, da du zur *Arbeit* geboren bist?"[42] „Sei nie ganz müßig, sondern lies oder schreibe oder bete oder betrachte oder *arbeite* etwas für das *Gemeinwohl.*"[43] „Gut handelt, der mehr der *Gemeinschaft* als seinem eigenen Gefallen dient."[44]

Das alles sind Stellen aus der *Nachfolge Christi,* und sie bedeuten das Gegenteil von Quietismus und asozialem Individualismus. Auch in seinen anderen Schriften zeigt sich Thomas von Kempen als ein Christ, der sich als ein Glied der Kirche mit allen anderen Gliedern der Kirche solidarisch weiß. So erklärt er, beim Feiern der Liturgie, der heiligen Messe und des Chorgebets sei die Gemeinschaft der Mönche mit allen Gliedern der gesamten Kirche im Himmel und auf Erden verbunden zum Heil und Nutzen aller Gläubigen.[45] Thomas von Kempen preist nicht nur die Beschaulichkeit Marias von Bethanien, sondern auch den Dienst der geschäftigen Martha, die er einem Cellerar des Klosters, der für das leibliche Wohl der Brüder zu sorgen hatte, als Vorbild vor Augen hält: Es sei Gott wohlgefällig, so den Brüdern zu dienen.[46]

In seinem *Rosengärtlein* bietet Thomas von Kempen eine Ethik des Gemeinschaftslebens, die auf Mitmenschlichkeit und wechselseitigem Tragen der Bürden der Brüder besteht. Und in Predigten lehrt Thomas die Verbundenheit mit dem ganzen Volk Gottes, der streitenden Kirche auf Erden und der triumphierenden Kirche im Himmel.[47]

In seiner Vita des Florens Radewijns widmet Thomas von Kempen das 13. Kapitel dem Dienst, den Florens seinen Brüdern in der klösterlichen Gemeinschaft erwies. Das 14. Kapitel trägt die Überschrift: „Von seiner Handarbeit für das Gemeinwohl." Die Kapitel 15 und 16 handeln von der tätigen Barmherzigkeit, die Florens den Armen, Kranken, unbekannten kleinen Leuten, Fremden und Jugendlichen erwies.[48] Das 27. Kapitel berichtet ausführlich mit Nennung der Personen und der Orte, wie Florens zu apostolischer Arbeit für das Reich Gottes Brüder aussandte und viele religiöse Gemeinschaften gründete.[49] Thomas zitiert einen Brief des Florens an einen Regularen in Windesheim: „Suche das Gemeinwohl!"[50] Er erzählt auch das höchst aktive Leben des Johannes Brinckerinck[51] und des Geert Grote[52], – Viten, die reich sind an Zeugnissen des Gemeinschaftsbewußtseins und der Solidarität aller Glieder der Kirche. Thomas von Kempen verfaßte die Lebensbeschreibungen, um mit diesen Vorbildern zur Nachahmung anzuspornen, und fügte sie ein in Zwiegespräche zwischen einem Novizen und einem älteren Bruder, in denen Begebenheiten der Viten erörtert werden.[53]

Thomas von Kempen,
Kupferstich, 16. Jh.

Wirkungen der *Nachfolge Christi*

Die Wirkkraft des Hauptwerks von Thomas von Kempen ist einzigartig. Man zählt 800 Handschriften, 89 Inkunabeln und mehr als 4000 Druckausgaben in 90 Sprachen. Gelesen und wiedergelesen wurde die *Nachfolge Christi* von Angehörigen der verschiedensten Berufe und Konfessionen, in allen Jahrhunderten und Ländern. Sie gehört zu den wenigen Büchern, die keinen Staub angesetzt haben und zeitlos gültig sind.

Obwohl für Ordensleute verfaßt, hat die *Nachfolge Christi* stets auch Laien in der Welt angesprochen. Obwohl sie Zurückgezogenheit von der Welt und Betrachtung der göttlichen Dinge fordert, haben gerade tatkräftige Männer, die mächtige Bewegungen auslösten oder bedeutend in das Weltgeschehen eingriffen, ihren Geist an ihr gestärkt. Offensichtlich spürten gerade diese Aktivisten, wie sehr sie zwischen den hektischen Betriebsamkeiten Pausen der stillen Einkehr und Besinnung nötig haben.

Die *Nachfolge Christi* war ein Lieblingsbuch mancher Politiker und Staatsmänner, vom englischen Lordkanzler Sir Thomas More bis zu dem deutschen Reichskanzler Georg Graf von Hertling, dem schwedischen Minister und Generalsekretär der Vereinten Nationen Dag Hammarskjöld und dem französischen Ministerpräsidenten und Außenminister Robert Schuman, dem Vater der europäischen Einheit.

Der Ordensgründer Ignatius von Loyola las täglich zwei Kapitel aus der *Nachfolge Christi*, eines in der Reihenfolge und ein anderes so, wie er es zufällig aufschlug. Er empfahl auch seinen geistlichen Söhnen, den Jesuiten, jeden Tag das Buch an beliebiger Stelle zu öffnen, denn man werde stets etwas in ihm finden, das dem jeweiligen Zustand des Gemüts entspricht.[54] Der heilige Ignatius verwertete die *Nachfolge Christi* in seinen *Exercitia spiritualia*, nach dem Vorbild des spanischen Benediktinerabts Garcia de Cisneros, der das Kloster auf dem Montserrat reformierte.

Auch andere Heilige des 16. und 17. Jahrhunderts, die Wichtiges zur Reform der katholischen Kirche leisteten, z. B. Papst Pius V., Carlo Borromeo, Filippo Neri, Petrus Canisius und Franz von Sales, priesen die *Nachfolge Christi*. Robert Bellarmin nannte sie das nützlichste Buch, das er kenne; er habe es von Jugend auf immer wieder gelesen, und stets sei es ihm neu vorgekommen (eine Erfahrung, die übrigens auch der hier anwesende Schriftsteller gemacht hat). Luis de Granada übersetzte es ins Spanische. Pierre Corneille übertrug es in französische Verse, und trotz des etwas unangemessenen Kleides war dieses Werk mit 32 Auflagen erfolgreicher als seine klassischen Dramen.

Im Protestantismus fand die *Nachfolge Christi* ebenfalls Anklang. Zwar nennen Luther und Calvin sie nirgends, doch verraten zahlreiche Zitate und Anklänge in den frühen Schriften dieser Reformatoren, daß sie die *Imitatio* gelesen haben.

Große Wertschätzung und Verbreitung fand die *Nachfolge Christi* im Pietismus. Johann Arndt[55], Gottfried Arnold und Gerhard Tersteegen[56] übersetzten sie ins Deutsche. Jakob Spener empfahl sie wärmstens. Peter Poiret übersetzte sie ins Französische und rühmte sie in einem Vorwort zu seiner erfolgreichen Ausgabe.

John Wesley, Student der Literatur und Philosophie in Oxford, wandte sich, nachdem er die *Imitatio Christi* gelesen hatte, dem Studium der Theologie zu und wurde anglikanischer Geistlicher und Begründer des Methodismus. Unter den englischen Liebhabern des à Kempis befindet sich auch der große Dr. Samuel Johnson.

Leibniz und Fontenelle, einflußreiche Denker der Aufklärung, lobten die *Nachfolge Christi.* Johann Michael Sailer schrieb eine ungewöhnlich oft aufgelegte Übersetzung.[57] Der bedeutende Lamennais verfaßte zu den einzelnen Kapiteln *Réflexions.*[58]

Kardinal Newman zehrte von dem Buch ebenso wie die heilige Therese von Lisieux. Zu den eifrigen Lesern des Thomas von Kempen zählten auch wirkungsmächtige evangelische Geistesmänner wie Johann Hinrich Wichern, Carl Hilty und Friedrich Wilhelm Foerster.

Auch im 20. Jahrhundert bewahrte die *Nachfolge Christi* ihre unversiegbare Lebenskraft. Sie war tägliche Lektüre des Paläontologen Pierre Teilhard de Chardin, der französischen Dichterin Marie Noël, des österreichischen Dichters Felix Braun, des deutschen lutherischen Bischofs Hanns Lilje und des englischen Schriftstellers C. S. Lewis. Selbst dem Christentum fernstehende Autoren, zum Beispiel Aldous Huxley und Ludwig Marcuse, schätzten sie hoch. Papst Johannes XXIII. las täglich darin und konnte ganze Partien auswendig rezitieren. Dieser Oberhirte, der die Öffnung der Kirche zur Welt wollte, wußte, daß der innere Abstand zur Welt, den die *Nachfolge Christi* in Übereinstimmung mit dem Neuen Testament verlangt, unverzichtbar ist.

Eine äußerste Bewährungsprobe erfuhr die *Nachfolge Christi* in den Kerkern der nationalsozialistischen Tyrannei, wie es die Märtyrer Roger Derry, Dietrich Bonhoeffer, Maximilian Kolbe und Edith Stein bezeugten.

Ein Beweis für das neuerwachte wissenschaftliche Interesse an Thomas von Kempen und der *Devotio moderna* ist der 1993 gegründete Thomas-Verein und das 1987 gegründete Thomas-Archiv in Kempen. Es unterhält im „Kulturforum Franziskanerkloster" eine Dokumentationsstelle und eine Bibliothek, die bisher verstreute Sammlungen von Inkunabeln und Büchern vom 15. Jahrhundert bis zur Gegenwart vereinigt: Manuskripte, Sekundärliteratur, Zeitschriften, Bilder und sonstige Materialien. Forscher über Leben und Werk des Thomas von Kempen und über die Bewegung der *Devotio moderna* finden hier eine Quellensammlung für ihre Arbeit und (was auch ich dankbar anerkenne) Rat und Hilfe von seiten des Geschäftsführers Paul Blondiau. Hier wird ein Computer eingesetzt, und eine personengeschichtliche Dokumentation der Angehörigen der *Devotio moderna* und eine Bibliographie dazu sind im Entstehen. In Zusammenarbeit mit dem Titus-Brandsma-Instituut in Nijmegen (Niederlande) ist das Thomas-Archiv an der Erstellung und Veröffentlichung der neuen kritischen Ausgabe der Werke des Thomas von Kempen beteiligt, die in der

Reihe *Corpus Christianorum* des Verlags Brepols, Turnhout (Belgien) erscheinen wird.

Diese wissenschaftlichen Bemühungen sind zwar notwendig und erfreulich, aber zunächst nur für die winzige Gruppe der Gelehrten belangvoll. Weit wichtiger ist, daß die *Nachfolge Christi* von möglichst vielen gelesen und beherzigt wird. Wenn es der vorliegenden Schrift gelänge, die Vorurteile gegen dieses alte doch ewig junge Buch auszuräumen und den Leser dazu anzuregen, jeden Tag ein kleines Stückchen daraus langsam zu lesen und ein paar Minuten darüber nachzudenken, dann hätte sie ihren Zweck erfüllt.

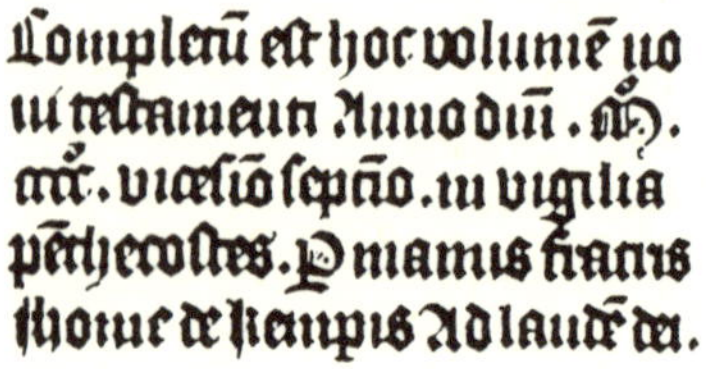

Completū est hoc volumē no
ui testamenti Anno dñi. M°.
cccc°. vicesīo sepťo. in vigilia
penthecostes. P manus fratris
thome de kempis Ad laudē dei.

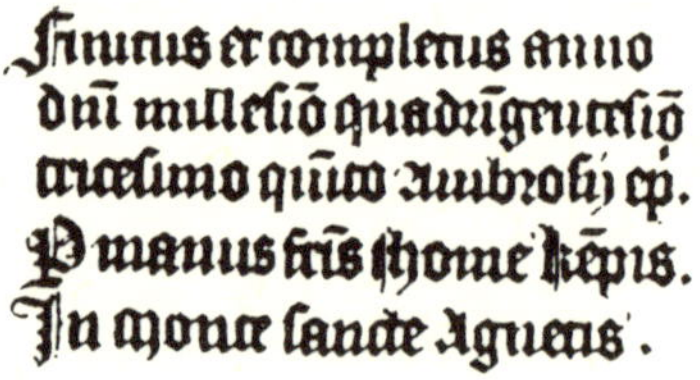

Finitus et completus anno
dñi millesīo quadringentesīo
tricesimo quīto Ambrosij ep̄.
P manus frīs thome kēpis.
In monte sancte Agnetis.

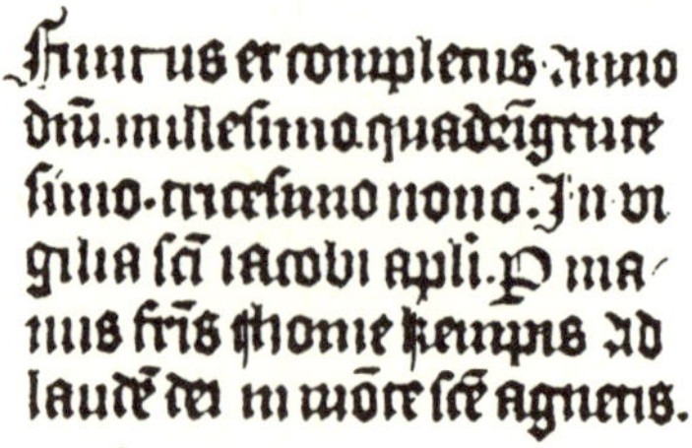

Finitus et completus Anno
dñi. millesimo quadringente
simo tricesimo nono. In vi
gilia scī iacobi apli. P ma
nus frīs thome kempis ad
laudē dei in mōte scē agnetis.

Schlußschriften aus den von Thomas von Kempen gefertigten Bibelhandschriften.

Zeugnisse

PIERRE POIRET, reformierter Theologe, 1683:

„Wann dieses Buch von der Nachfolge Jesu Christi bisher einige Frucht geschaffen hat bei denen, die selbiges mit Aufmerksamkeit zu lesen sich beflissen, so halte ich davor, daß es auch noch ins Künftige nicht weniger Nutzen schaffen werde ... Dieses Buch ist einfältig, ohne Künstlichkeit und Zierde; und doch nichtsdestoweniger ist es mit vielen guten und heilsamen Lehren angefüllet ... Was mich anbelangt, so kann ich versichern, daß Gott sich öfters dessen bedient, als eines Sporns, um mich von meinem Schlummer und Schlaf aufzuwecken und in mir zugleich einige Lust, ihm zu gehorchen, hervorzubringen."[59]

GOTTFRIED WILHELM LEIBNIZ, evangelischer Philosoph und Universalgelehrter, um 1700:

„Die *Nachfolge Christi* ist eins der vorzüglichsten Werke, die je verfaßt wurden. Glücklich, wer nach dessen Inhalt lebt und sich nicht damit begnügt, es zu bewundern."[60]

BARON FRIEDRICH VON HÜGEL, englischer Religionsphilosoph, 1916:

„L. berichtete mir von der Hilfe, die Sie in der *Imitatio*

Christi finden. Wie fast ausschließlich literarisch ihre Wirkung auf uns ist, wenn wir nicht leidend sind oder (zumindest) wenn wir nicht gelitten haben, und zwar sehr! Aber wenn wuchtiger, durchdringender Schmerz kommt, und wenn wir dann auch nur versuchen, auch nur wünschen, diesen Bitternissen aufrichtig und unerbittlich zu begegnen – dann hören diese Bücher auf, lediglich Literatur zu sein; sie werden mit Christus unserem Leben lebendig, der, wo auch immer er sich ganz nähert, Leben und Liebe in und durch das Kreuz bringt."[61]

HANNS LILJE, Lutherischer Bischof, 1935:

„In der Hinwendung zur praktischen Frömmigkeit liegt die große kirchengeschichtliche Bedeutsamkeit der *Imitatio Christi*, und in ihr faßt sich der edelste Ertrag der Frömmigkeit des Mittelalters zusammen ... In einer bezwingenden Unmittelbarkeit erklingt das stille Zwiegespräch zwischen dem Meister und der Stimme des Jüngers ... Dieser Hauch der Unmittelbarkeit weht in einer unverwelkten Frische noch heute den Leser an ... Hier ist ein besonderes Stück christlicher Frömmigkeit klassisch vorgebildet: die *meditatio* ... Ohne die anbetende *meditatio*, ohne das Gebet des Glaubens, ohne die Stille vor Gott ist alles kämpferische Christentum nur ein tönendes Erz und eine klingende Schelle."[62]

FELIX BRAUN, österreichischer Dichter, 1935:

„Wer, aufs Geratewohl, die *Imitatio Christi* aufschlägt und in irgendeinem Kapitel zu lesen beginnt, weiß bald um den, der dieses Buch geschrieben. Auch wenn es keine sicheren Daten, keine Berichte und Überlieferungen von ihm gäbe, wäre er leicht zu erkennen: Denn unser aller, so vergeblicher als unbeendbarer, innerlicher Kampf um das Gute ist hier ein für alle Male dargestellt und mit solcher schonungslosen Wahrheit, daß wir in jedem Satz uns selbst wie in einem untrüglichen Spiegel erblicken müssen."[63]

C. S. LEWIS, anglikanischer Schriftsteller, 1941:

„Ich lese die *Nachfolge Christi* fast jeden Tag, aber das ist, als läsen Geschöpfe ohne Flügel über die Stratosphäre."[64]

ALDOUS HUXLEY, englischer Schriftsteller, 1941:

„Ich hätte Ihnen längst für die Ausgabe der *Imitatio* danken sollen. Ich wartete, bis ich die Zeit hatte, sie zu lesen . . ., genug, um mir zu erlauben, die Kraft und den Adel der Sprache zu würdigen. Stil ist etwas, bei dem man stets auf der Hut sein muß, insofern glänzendes Schreiben es fertigbringt, an sich unbedeutende oder fragwürdige Vorstellungen wertvoll und echt erscheinen zu lassen; umgekehrt können bedeutende und ernste Gedanken langweilig, trivial oder bloß rhetorisch wirken, wenn sie von jemand ausgedrückt werden, der nun einmal nicht das gute Mundwerk hat. Wir müssen uns glücklich schätzen, wenn ein Buch wie die *Imitatio Christi* (das, wenn auch vielleicht nicht das feinste und wünschenswerteste Erzeugnis mittelalterlicher Frömmigkeit, doch ein sehr vortreffliches Werk ist) eine Ausdrucksform findet, die ästhetisch in der Qualität dem Gegenstand verglichen werden kann."[65]

DIETRICH BONHOEFFER, evangelischer Theologe und Märtyrer, 1943:

„Es gibt neben dem Wir doch auch ein Ich und Christus, und was das bedeutet, kann gar nicht besser gesagt werden als in der *Imitatio Christi*, die ich jetzt in der lateinischen Ausgabe hin und wieder lese (sie ist übrigens lateinisch doch unendlich viel schöner noch als deutsch)."[66]

LUDWIG MARCUSE, Philosoph und Kulturhistoriker, um 1960:

„*De imitatione Christi* ist ein undogmatisches Buch, mehr ein Ratgeber für die Lebensführung als eine Aussage über die transzendente Welt. Es . . . löst Konflikte, aus denen jeder herauskommen möchte. Es polemisiert nicht nur gegen kompliziertes Wissen, auch gegen die Überschätzung jeden Könnens außer dem einzigen, das Thomas für wichtig hielt: der Kunst, mit sich ins reine zu kommen. Ein heutiger Thomas würde wahrscheinlich gegen die großmächtigste Technik . . .

zu Felde ziehen ... Er schreibt auch gegen den Ästhetizismus ..., gegen die ‚Wohlgesetztheit der Rede', gegen den ‚Prunk des Wortes', weil sie nicht das hervorbringen, worauf es ihm und seinen vielen Lesern allein ankommt: Seelenfrieden. Man versteht viele christliche Erbauungsbücher nicht, wenn man sie nicht in Parallele setzt mit der heutigen enormen Literatur über das Thema: Wie werde ich glücklich?"[67]

JOSEF SUDBRACK S. J., Historiker der Spiritualität, 1973:

„Die Qualität des Büchleins erschließt sich nicht dem einen, der es an ewigen, unverrückbaren Wahrheiten mißt, sondern nur dem anderen, dem es gelingt, die geistreichen Sentenzen und paradoxen Formulierungen in ihrer einseitigen Aussagekraft nachzuvollziehen, und der darin eine tiefe Menschlichkeit, eine reife Lebenserfahrung und hinter allem ein unbedingtes Gottvertrauen entdecken wird. In der menschlichen Erfahrung, die christlich bewältigt wurde, liegt der Wert des Büchleins."[68]

Belege

Die Werke des Thomas von Kempen werden nach der kritischen Ausgabe von M. I. Pohl zitiert, mit der Abkürzung O. O., der Bandzahl in römischen, der Seitenzahl in arabischen Ziffern; nur die *Nachfolge Christi* wird nach der Ausgabe von Fr. Brehm angeführt (De imitatione Christi libri quatuor, editio octava, Ratisbonae: Pustet, 1957), mit der Abkürzung I. C., Angabe des Buches in römischen und Angabe des Kapitels und des Satzes in arabischen Ziffern; die Übersetzung stammt von Gisbert Kranz.

Sekundärliteratur wird meist nur mit dem Namen des Verfassers und der Seitenzahl zitiert; die vollständigen Titel findet man in der alphabetischen Liste S. 60–62. Falls kein anderer Übersetzer angegeben ist, wurden die Zitate aus anderen Sprachen von Gisbert Kranz übersetzt.

1 Latinisiert: *Malleolus.*
2 So die richtige Schreibung; früher oft „Groote". Latinisiert: *Magnus.*
3 O. O. VII, 38.
4 Contra turrim Traiectensem.
5 Vernieuwde innerlijkheid. De betekenis van Geert Grote en de moderne Devotie voor onze tijd. Deutsch: Erneuerte Innerlichkeit. Die Bedeutung Geert Grotes und der Devotio moderna für unsere Zeit, übersetzt von Leopold Fonck, Kleve 1984.
6 Epiney-Burgard, 1985, S. 128 f. Punkt 3 könnte man mit G. K. Chestertons Programm des „Distributismus" vergleichen; siehe: G. K. Chesterton, Heitere Weisheit, ernste Späße, Moers: Brendow 1988.
7 K. Elm, 1985.

8 I. C. I, 25, 7–9.
9 I. C. III, 20, 2–4.
10 I. C. I, 3, 12.
11 I. C. I, 10, 3.
12 I. C. III, 45, 22.
13 „In omnibus requiem quaesivi et nusquam inveni nisi in angello cum libello." Da Thomas von Kempen auch in der *Imitatio Christi* öfters Reimprosa schreibt, könnte der Satz, formkritisch gesehen, aus seinem Munde stammen, obwohl er in seinen Werken nicht vorkommt.
14 I. C. II, 1, 1.
15 I. C. I, 15, 7.
16 Sermones, epistolae et alia opuscula, 1474.
17 I. C. I, 5, 6.
18 Castillo, 1978, S. 586.
19 Sudbrack, Personale Meditation, 1973, S. 20.
20 Spaapen, 1971, Sp. 2367.
21 Gisbert Kranz, Europas christliche Literatur von 500 bis 1500, München ^{2}1988, S. 7.
22 I. C. I, 1, 9.
23 I. C. I, 2, 2.
24 I. C. I, 3, 3.
25 I. C. II, 4, 7.
26 I. C. IV, 1, 51.
27 I. C. IV, 2, 16.
28 I. C. IV, 11, 28.
29 Castillo, S. 586.
30 Castillo, S. 587.
31 O. O. IV, 87.
32 „Deum et animam scire cupio. – Nihilne plus? – Nihil omnino." Augustinus, Soliloqu. I, 7.
33 Howard G. Hageman, in: The Encyclopedia of Religion, ed. Mircea Eliade, vol. 14, New York – London 1987, S. 484.
34 Siehe die Begriffskonkordanz für Buch I–III der *Nachfolge Christi* von H. Kloster unter den Stichworten: Abgewöhnung, Abtötung, Arbeit, Bemühung, Eifer, Kampf (24 Belege!), Selbstüberwindung, Widerstand, Zucht.
35 O. O. IV, 8–10: De pugna contra propria vita. – O. O. IV,

76–78: De forti certamini contra vitia. – O. O. IV, 146–147: De certamine contra cotidiana vitia. – O. O. IV, 207–208: De duplici pugna carnis et spiritus. – O. O. IV, 228: De armatura Christi et sanctorum contra vitia. – O. O. VI, 76–82: De cotidiano martyrio et bello in statu religionis. Sermo XI. – O. O. VI, 143–153: De spirituali militia contra vitia. Sermo XVIII. – O. O. VI, 154–175: De variis bellis et periculis huius vitae. Sermo XIX.

36 O. O. IV, 454 ff.

37 O. O. IV, 464.

38 I. C. I, 7,2.

39 I. C. I, 15, 1.

40 I. C. I, 19, 10.

41 I. C. I, 16, 5.

42 I. C. II, 1, 1.

43 I. C. I, 19, 18.

44 I. C. I, 15, 8.

45 O. O. II, 297–301.

46 O. O. I, 129–187.

47 O. O. VI, 7–13: Sermo I; besonders O. O. VI, 282–289: Sermo XXVIII. „populus christianus".

48 O. O. VII, 146–158.

49 O. O. VII, 185–188.

50 O. O. VII, 198.

51 O. O. VII, 222–223.

52 O. O. VII, 31–115.

53 Dialogi noviciorum: O. O. VII, 1–329.

54 Ignatius von Loyola, Der Bericht des Pilgers, übersetzt und erläutert von Burkhart Schneider, Freiburg i. Br. 1956, S. 26.

55 Neuere Ausgaben: Nachfolge Christi. Nach der Übersetzung ins Deutsche von Joh. Arndt, Reutlingen 1927; Des gottseligen Thomas von Kempis Vier Bücher von der Nachfolge Christi. Im Jahre 1617 aus dem Lateinischen herausgegeben von Joh. Arnd, Zürich 1942.

56 Neuere Ausgabe: Der kleine Kempis oder Kurze Sprüche und Gebete aus den Werken des Thomas von Kempis, zusammengetragen durch Gerhard Tersteegen, Stuttgart 1924.

57 Zahllose Ausgaben und Bearbeitungen, u. a.: Das Buch von der Nachfolge Christi. Aus dem Lateinischen des Thomas von Kempen. Die Übersetzung J. M. Sailers bearbeitet von Walter Kröber, Stuttgart 1984 (Reclam Universalbibliothek 7663).

58 Thomas von Kempen, Nachfolge Christi. Mit den Anmerkungen von Félicité de Lamennais, übersetzt von Hugo Harder, Zürich-Einsiedeln-Köln 1979.

59 Pierre Poiret, Kempis commun; ou les quatre livres de l'emulation de Jésus Christ, Amsterdam 1683, Vorrede. Deutsche Übersetzung: Tübingen 1714.

60 G. W. Leibniz, 77. Brief, zitiert in: C. Richstaetter, Thomas von Kempen, Hildesheim 1939, S. 53.

61 Baron Friedrich von Hügel, Selected Letters, ed. B. Holland, London 1933, S. 228: Brief an einen schwerkranken Freund, 28. 2. 1916.

62 H. Lilje, Von der Nachfolge Christi. Weg und Sendung des Thomas a Kempis. In: Die Furche, 21 (1935), S. 348–355.

63 Felix Braun, Einführung zu: Thomas von Kempen, Die Nachfolge Christi, Leipzig: Kröner 1935, S. xiii–xiv (KTA).

64 C. S. Lewis, They Stand Together, ed. Walter Hooper, London 1979, S. 490: Brief von C. S. Lewis an Arthur Greeves, 25. Mai 1941.

65 Letters of Aldous Huxley, ed. Grover Smith, London 1969, S. 468: Brief an Eugene F. Saxton, 2. Okt. 1941.

66 Dietrich Bonhoeffer, Widerstand und Ergebung. Briefe und Aufzeichnungen aus der Haft, hg. v. E. Bethge, Hamburg 1971, S. 95: Brief aus dem Gefängnis, 4. Advent 1943.

67 Ludwig Marcuse, Nachwort zu: Thomas a Kempis, Die Nachfolge Christi, detebe-Klassiker, Zürich: Diogenes 1986, S. 173–175.

68 Josef Sudbrack, Personale Meditation. Die vier Bücher von der Nachfolge Christi – neu betrachtet, Düsseldorf 1973, S. 19.

Bibliographie

Hier werden nur die wichtigsten neueren Titel verzeichnet. Ausführliche Bibliographien enthalten die unten angeführten Arbeiten von Bonardi, Brouette, Spaapen Van Dijk und Van Geest. Besonders umfangreich ist der ungedruckte Katalog der Sammlungen des Thomas-Archivs, Burgstr. 19, D-47906 Kempen (Rheinland). Eine laufende Bibliographie zu Thomas von Kempen bringt die Zeitschrift *Ons geestelijk erf*, Antwerpen 1927 ff., bisher letztes Heft 1992.

A. QUELLEN

1. Kritische Ausgaben

Thomae Hemerken a Kempis Opera omnia, éd. Michael Iosephus Pohl, 7 Bde., Freiburg i. Br. 1910–1922, repr. Hildesheim 1985.

Eine neue kritische Ausgabe wird im Rahmen des Corpus Christianorum, Turnhout: Brepols, erscheinen.

2. Deutsche Ausgaben der Werke des Thomas von Kempen

a) Deutsche Gesamtausgaben

Sämtliche Werke des gottseligen Thomas von Kempis, übersetzt von Johann Peter Silbert, 4 Bde., Wien 1833–1840.

Sämtliche auserlesene Schriften des ehrwürdigen Thomas von Kempis. Deutsch bearbeitet von Johannes Andreas Herderer, 4 Bde., Münster 1839.

b) Neuere deutsche Ausgaben der *Nachfolge Christi*

Thomas von Kempen, Die vier Bücher der Nachfolge Christi. Aus dem Lateinischen von Paul Mons, Leutesdorf ^{4}1981.

Thomas von Kempen, Nachfolge Christi. Nach der Übersetzung von Bischof Johann Michael Sailer, mit einem Vor- und Nachwort von Josef Gülden, Leipzig ^{17}1982.

Thomas von Kempen, Das Buch von der Nachfolge Christi, übersetzt von J. M. Sailer, bearbeitet von Walter Kröber. Reclam UB 7663. Stuttgart 1984.

Thomas a Kempis, Die Nachfolge Christi. Ein kernhafter Auszug aus *De imitatione Christi*. Bearbeitet und mit Anmerkungen hg. v. E. A. Kernwart, Diogenes Taschenbuch 21487, Zürich 1986 (ohne Buch IV; freie Übersetzung; Nachwort von Ludwig Marcuse).

Thomas von Kempen, Nachfolge Christi, aus dem Lateinischen von Hermann Erdrös, München ^{3}1986.

Thomas von Kempen, Nachfolge Christi, übersetzt von Hugo Harder, Einsiedeln-Köln ^{4}1988.

Thomas von Kempen, Vier Bücher von der Nachfolge Christi, in der Übersetzung von Josef [muß heißen: Guido] Görres, neu überarbeitet von Josef Lieball, Augsburg: Pattloch 1988.

Thomas von Kempen, Nachfolge Christi, übersetzt und herausgegeben von Wendelin Meyer, neu durchgesehen von Lothar Hardick, Kevelaer ^{2}1990.

Thomas von Kempen, Christus Tag für Tag. Gedanken zur Nachfolge. Auswahl von Sibke van der Land. Übersetzt von Paul Görtzen. Vorwort von Norbert Schnabel. Moers: Brendow ^{2}1992 (Auswahl aus der *Nachfolge Christi*).

c) Andere Werke des Thomas von Kempen auf deutsch

Thomas von Kempen, Das Leben Meister Gerhards, übersetzt und eingeleitet von Herbert Rüssel, Freiburg i. Br. 1939.

Thomas von Kempen, Das Alleingespräch der Seele, übersetzt von Otto Karrer, München 1949.

Thomas von Kempen, Die Seele verlangt nach Gott. Einfüh-

rung von Rainer Dura, München 1979 (Soliloquium animae).
Thomas von Kempen, Die Herberge der Armen und andere Schriften, übersetzt von Carl Maier, Olten-Freiburg i. Br. 1952.
Thomas von Kempen, Komm, o Herr! Betrachtungen über die Menschwerdung Christi, übersetzt von Laurentia Dombrowski, Paderborn 1938.
Thomas von Kempen, Heilige Christnacht. Fest der Seele. Ausgewählt, übersetzt und herausgegeben von Ludwig Deimel, Mainz 1953.
Thomas von Kempen, Das Büchlein von den drei Hütten und von der wahren Zerknirschung des Herzens, deutsch von H. Gleumes, Mainz 1924.
Thomas von Kempen, Gebete und Betrachtungen über das Leben Christi, übersetzt von Heinrich Pohl, Paderborn 1913.
Thomas von Kempen, Das Rosengärtlein. Von guten Worten. Briefe. Geistliche Lieder, übertragen von Felix Braun, Graz-Leipzig-Wien 1937.
Drei Schriften des Thomas von Kempen: Von der Erhebung des Geistes. Das Rosengärtlein im Tale der Tränen. Gebete und Betrachtungen über das Leben Jesu Christi. Übersetzt von Hubert Kroppenberg, in: Carl Richstaetter, Thomas von Kempen. Ein deutscher Mystiker. Leben und ausgewählte Schriften, Hildesheim 1939, S. 73–344.
Thomas von Kempen, Das Rosengärtlein, deutsch von Walter Kröber, Heidelberg-Waibstadt 1947.
Thomas von Kempen, Die Ordensdisziplin, übersetzt von Karl Egger, Rom 1971.

B. Sekundärliteratur

Axters, Stephan G.: Thomas von Kempen und seine *Nachfolge Christi.* Der Roman eines kleinen Buches, das die Welt bewegte. In: Die Heimat. Zeitschrift für niederrheinische Kultur- und Heimatpflege, 46 (1975), S. 108–116.

Axters, Stephan G.: Thomas Hemerken van Kempen und die neue Frömmigkeit. In: Heimatbuch des Kreises Kempen-Krefeld, Bd. 22 (1971), S. 191–200.
Bange, P., u. a. (Hg.): De doorwerking van de Moderne Devotie, Hilversum 1988.
Bauer, Erika (Hg.): Heinrich Hallers Übersetzung der Imitatio Christi, Salzburg 1982 (ein neuer Handschriften- Fund).
Bonardi, P. & T. Lupo: L'imitazione di Cristo e il suo autore, 2 Bde., Turin 1964 (mit Bibliographie).
Brouette, Emile & Reinhold Mokrosch: Devotio moderna. In: Theologische Real-Enzyklopädie, Bd. 8 (1981), S. 605–616 (mit Bibliographie).
Castillo, José M.: Die *Nachfolge Christi* und *Der Weg*. In: Concilium, 14 (1978), S. 585–590.
De Bruin, C. C., u. a. (Hg.): Geert Grote en de Moderne Devotie, Deventer-Zutphen 1984.
Egger, Karl: Zur Sprache des Thomas von Kempen. In: Thomas von Kempen. Beiträge zum 500. Todesjahr. 1471–1971. Kempen 1971, S. 78–86.
Elm, K.: Die Brüderschaft vom gemeinsamen Leben. In: Ons geestelijk erf, 59, (1985), S. 470–490 (dort viele weitere Literaturangaben).
Epiney-Burgard, Georgette: Geert Grotes Anliegen. In: Ons geestelijk erf, 59 (1985), S. 117–129.
Goeters, J. F. G.: Thomas von Kempen und Johannes Calvin. In: Thomas von Kempen. Kempen 1971, S. 87–92.
Hyma, Albert: The Brethren of the Common Life, Grand Rapids, Michigan, 1950.
Hyma, Albert: The Christian Renaissance. A History of „Devotio moderna", Hamden, Conn., [2]1965.
Iserloh, Erwin: Thomas von Kempen und die Kirchenreform im Spätmittelalter, Kempen 1971.
Janowski, H. N. (Hg.): Geert Grote, Thomas von Kempen und die Devotio moderna. Olten 1978 (mit Quellentexten).
Jedin, Hubert: Thomas von Kempen als Biograph und Chronist. In: Universitas. Festschrift für Bischof Albert Stohr, Mainz 1960, Bd. II, S. 69–77.
Kloster, Henry: Konkordanz der Nachfolge Christi, Wien 1969.

Lanczkowski, Johanna: Erhebe dich, meine Seele, Stuttgart 1987.

Moderne Devotie. Figuren en facetten, Nimwegen 1984 (Ausstellungskatalog).

Post, R. R.: The Modern Devotion. Confrontation with Reformation and Humanism, Leiden 1968.

Rix, H.: Luther's Debt to the Imitatio Christi. In: Augustiniana, Löwen, 28 (1978), S. 91–107.

Spaapen, Bernard: Imitatio Christi. In: Dictionnaire de Spiritualité, Bd. VII, Paris 1971, Sp. 2338–2368 (mit Bibliographie).

Sudbrack, Josef: Existentielles Christentum. Gedanken über die Frömmigkeit der *Nachfolge Christi.* In: Geist und Leben, 37 (1964), S. 38–63.

Sudbrack, Josef: Meditierter Personalismus. In: Geist und Leben, 46 (1973) S. 206–216.

Sudbrack, Josef: Personale Meditation. Die vier Bücher von der Nachfolge Christi – neu betrachtet. Topos-Taschenbücher Bd. 16. Düsseldorf 1973.

Thomas von Kempen. Beiträge zum 500. Todesjahr. 1471–1971. Kempen 1971.

Van Dijk, Rudolf Th. M.: Thomas Hemerken à Kempis. In: Dictionnaire de Spiritualité, Bd. 15, Paris 1991, col. 817–826 (mit Bibliographie col. 823–826).

Van Geest, Paul: Introduction. In: Thomas à Kempis, La vallée des lis, Abbaye de Bellefontaine 1992, S. 11–43 (über Leben und Werk des Thomas von Kempen, mit Literaturverzeichnis).

ULRICH PARZANY

Wozu Gott?

Paperback. 80 Seiten.
ISBN 3-87067-141-6.

»Mich hat nie nach einem Gott verlangt; ich habe von mir aus niemals einen Gott gefürchtet oder mich vor die Notwendigkeit gestellt gesehen, einen Gott zu erfinden. Dennoch sehe ich mich leider zu dem Schluß veranlaßt, daß Gott von sich aus nach mir verlangt. Gott ist mir auf den Fersen, wie ein himmlischer Jagdhund.«

Ulrich Parzany hält es in diesem Buch mit den knallharten Worten des englischen Satirikers Malcolm Muggeridge. Der Lückenbüßer-Gott, der Feld-Wald-Wiesen-Gott, der Kopfnicker-Gott, der Liebe-Gott, der die Welt nicht mehr versteht und deshalb dankbar sein muß, wenn er wenigstens noch als Dekoration für bestimmte festliche Angelegenheiten herangezogen wird, er ist ein eingebildeter, ein überflüssiger Gott. Er ist nicht der Gott, der uns in Jesus Christus entgegentritt. Ist Gott Gott, weil wir ihn brauchen? Oder brauchen wir Gott, weil er ist? Wie kann Gott das alles zulassen?

Um solche Fragen geht es Ulrich Parzany. Und schließlich geht es bei allem Nachdenken über Gott nicht um blasse und weltferne Theorie, sondern um Alltagspraxis: »Laß mein Leben widerspiegeln, was es heißt, dich, Gott, zu kennen.«

Brendow Buch Kunst Verlag